Уређује
Новица Тадић

Ликовна опрема
Добрило М. Николић

Реализација
Аљоша Лазовић

На корицама
Милан Туцовић:
Легенда о мајстору
(детаљ)

знакови поред пута

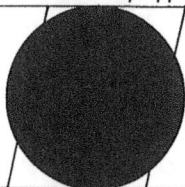

Срба Митровић

УЗМИЦАЊЕ

касне песме

Рад | Београд
| 1999

Први део
СЕГМЕНТИ ПАДА

ВЕЧНОСТ

ВЕЧНОСТ

Давно, давно...
Пре но је Сунце сишло
У орбиту часовника,
Пре но је Месец
Поплочао дно Океана –
Био сам Ту.
Поигравао сам,
Шупље јаје
На исконској води.

РЕИНКАРНАЦИЈА

Када се реч изгуби
И дах сабије у коцку крика,
На дну талога,
Као у смрти,
Душа се јави –
Ћути?

СВЕСТ

Прошлост је преда мном свуда,
Универзум Хомера:
Метал и душа,
Тела у борби
Смртника, бесмртника.
Насрћу и посрћу,
Пате, радују се,
Па санку свом се предају,
Док онај најјачи
Држи у рукама *мерила*.

Од крви до кости
Угледах оца,
Па матер нерејиду
И пешчану обалу
Што гледа у бескрај
Сањиве магле Пила.

СТВАРНОСТ

Од памтивека
Непрекидно
Једноисто *сада*
Скакуће на екрану:
Тачка, свршетак,
Сећање.
Има препознатљиво лице
Претка што приповеда,
Па стане
Пре климакса
Да куцаји срца се чују.
Тај звук, тај трен, одувек траје,
Непрестан досег вечности,
Па изненада шчепа
Једнога кога прати.
Тад усковитлана нада
Прекрије маглом
Све долазеће –
Прошло се преобрати.

Но где је та напоредност,
Баш сада – реци записивачу
Трајања?
Јесмо ли прошли узалуд
Све муке сећања,
Ил намет
Притиска овај час?

ОДЈЕЦИ

Ништица си која се весели
На плахој пролећној киши,
Влажна испружена рука
Што прима небеску твар
И с длана пије
Капи неугасле вечности.
Ништица си која се
У маглу умотава,
Да опет у магли се јави:
Налично ништа.

ГОВОР ПОКРЕТАЧ

Ако си обесхрабрен
И душа ти цела
У гласу који иза се извлачиш
Уздајући се у пробел разума,
Онда,
Приклонив се мутноме опажању
Видиш себе на излазу:
Врата шкрипе,
Ти окрећеш главу
Према скривеном и прошлом.

Није ли разумније
Ћутати?

И,
Увек знаш
Исти одговор:
Да, да, да!
И,
Не, не, не!

О, ТЕЛО!

О, јадно, јадно, јадно тело, биљко везана за тло,
Шикнуло као млаз крви високо, сад падаш
Као сен на тло, као реч у тишину.
Дижеш се потом као душа ка тврдом небу,
Да за трен само, знак будеш на њему,
Риђ и нестваран, неодољиво ништа,
Што распе се, Аријелово прозрачно крило...

О, јадно... јадно тело,
Мудрости што из плићине владаш
Животом голим блиским смрти;
Границом том крочиш непрекидно
И мисао своју дижеш
Недалеко,
Заглибљену на ничијој земљи.

НЕ ГЛЕДАЈ!

Ту и тамо притуљен, исхлапео задах стараца,
Овде и свуда постојана мисао о смрти,
Искрзане ивице већ загушене ватре тињају.
Из сасуда тела млак, кисео мехур
Нагло се дигне,
Ишчезне.
Нестају и околне ствари.
„Не гледај! Не гледај!" – чује се врисак
Сестре у црнини.

ЗАМОРАН ДАН

Заморан, заморан дан
Над главом се мота
Плећа притиска.

Подигнем поглед:
Видик се упреда
У тврдо болно уже.

У оку:
Невесео осмех,
Пресахла снага.

ОЛУЈА

Забога!
Насред стрме стазе
Од Зузорићкиног павиљона
Ка Врту добре наде –
Захвати ме олуја
Младих на ролерима,
Заковитла ме умах, диже
Као подерано парче папира.

У крви и ушима добује
Симплон;
Укочен,
Знаш:
Повући се према жбуњу!
Према жбуњу
Где чезну
Расточене
Фекалије.

ЛОПТА

Огромна шупља лопта,
Идеалан амфитеатар,
До полутара пуна људи
У жагору.
А на самоме дну, на позорници,
Окренути леђима један другоме,
Четворо је говорило истовремено
Четирма странама света.

Шетао сам очима:
Нигде врата, нигде прозора,
Само с врха
Недремано око гледа.
Та јасна светлост
Разоткрива празнину
Свеколиког догађања.

Откад овај скуп траје?
Ко су ови људи?
Где сам ја заправо
Док лебдим или пропадам?
С њима, или
Даље од њих,
У шупљини
Ове дворане?

РЕЧИ

За нас умируће
Речи су
Више од свега;
Надмашују снове и граде
Маглене куле
У којима живимо.
Гле,
Себе видим,
Проминух унутра
И опет остадох овде.
Сила
Оних који су нестали
Преображава,
А некад се
У тело живо створи.

ПОЈМОВИ

Жеља за променом,
Ерос и Танатос:
На хоризонту сан
Личи на привиђење.
Трчиш беспућем,
Небо одјекује.

ТРЕНУЦИ

Океан тренутака, тачака, куцаја
У преливању и промени.
Надвишују се међусобно
И губе привидно,
Да ме у недосегу
Негде
Присвоје.

ИСТИНА

Да, истина је рецимо и то:
Живи смо! Ал и та насушна истина
Пред очима се многим
Обзнањује као лаж.

ТРАЈАЊЕ

ОПОНАШАЊЕ / ИЗБЕГАВАЊЕ

Док сам на облаку лебдео над празнином, у мени самом губила се нада да ћу икада избећи судбини понирања. Утолико пре што сам знао да облаци ретко кад додирну само тло, чешће врхове брегова и звонике, куле и дворце и онда одмагле. Има ли сврхе не радовати се?! Пролазност је бескрајно таласање можда устаљеног смисла, а зашто не непознате воље? Чудовишно је мењати име за име, ако су пакао и рај исто трајање. Чиним ли се оним који слази све дубље у понор, или само облачим одору једне вере која не проповеда ништа до претрајавање.

КОШНИЦА ЗВЕЗДА

И данас, док небо бљеска у азуру под сјајним мајским сунцем, из невидљиве таме просијава кошница звезда наговештавајући све наше изгубљене судбине које су могле да буду бар тако малкице тачкасто сјајне у свеобухвату мрака.

ТРИМ СТАЗА

Шетам асфалтним алејама болничког парка. Три корака, па станем, загледам пужа који као да је оставио дужи траг од мене на влажној јутарњој кори брезе и – још увек напредује. Зверам по крошњама стабала, чувам се понеког аута који промине. Прати ме болничко куче, сито и никакво, ал живо и узмувано. На раскршћу гледам га док скреће на запуштену трим стазу, ја настављам асфалтом.

СЛУШАЈУЋИ НЕЧИЈИ КАШАЉ

Повремено чујем нечији кашаљ у соби. Загледам мирна укочена лица десеторо болесника, али не откривам да се неко од њих закашљао – већина дрема, или спава, или шкиљи у новине или плафон. Чују се најпре два трочетвртинска такта, валцер, па одмах после кратке паузе, још један с пиштавим одјеком на крају. Осврћем се. Ја не кашљем. Јутро је, или подне, или вече. Подсмешљиво ме гледа непознати посетилац који је бануо у собу и као да баш мени показује према прозору. Мени? Ишчекујем... и ево опет: суров, обесан, безнадежан кашаљ налик искиданом ритму овога дугог дана. То сама болница понавља злослутно отрцану мелодију из шок-собе где неко умире. Прозор је одшкринут и уједначено откуцава сунчев часовник. Чуј како одбројава тренутке који још нису прошли, али већ замичу у прошлост.

ЈЕЗЕРО

Једва да се наслућује вртложење воде пред браном у дубини невеликог језера. Невидљива уста на дну одпијају гутљаје воде, а огледало површи се и не миче. Један усамљен опали лист лагодно плови, па одједном нестаје усисан из дубине. Зид ваздуха се над водом обруши и затрепери да скрије тутањ који с тла као дрхтај допире до мене. Осврнем се – никога! Ни оног што је нестао, ни оног што ће можда за који час стићи. Све је сушто и празно међувреме. Стварност изван сваке постојаности.

НЕПОЗНАТИ

Првога мог дана у болници, чика Боја из суседног кревета, прво што рече беше: „Из тога твојег кревета јутрос оде један." Упитах: „Је ли кући отишао?" Он само одмахну главом и одмахну обема рукама.

БОЛНИЧКА ШЕТЊА

Низ благо стрм аутомобилски прилаз на улазу у зграду болнице, па асфалтом крај истовареног угља и преко заостале прашине, одакле је угаљ већ убачен у ложионицу, затим поред поломљене клупе до проширеног жицом ограђеног простора ђубришта с десетак препуних контејнера и осмочланом пасјом комуном. Четворо штенади, једно као да умире. Кажу, ни двадесет дана још нису стари. Настављам пут уз напуштен полузатрпан бивши подвожњак, пун отпадака и празних картонских кутија, а сада је ту, ваљда, скривени улаз у подземље (или мртвачницу?), па даље лепшим делом стазе недалеко од запуштене и у коров зарасле трим стазе, онда крај паркираних аутомобила до излаза на главну алеју с дрворедом и клупама, а ту се већ двосмерно крећу возила. На капији рампа, вратар и велики пас, а испред бувљак, кафана, неколико продавница и друм, па иза *хајвеј*. Далеко се може стићи одавде! А ипак, лепо је овде. Ваздух се у болничкој шуми обнавља, стабла се крошњама грле и све одише обећаним здрављем.

ПАРАДОКС ПОСМАТРАЊА

Лекар твоју болест третира као процес повратно-неповратних промена, а тебе као чист објект деградације. Оно што он може, намера је да обележи и среди низ уочених промена и упути те благости болести, њеном споријем кретању према новим објективизацијама. Ти пак себе не одвајаш од болести, видиш се у неограниченом простору у којем се крећеш упркос својим слабостима и претеривањима. Простор бића је читав свет, а као да си изван свега, извесно затамњење на екрану истинољубивог медицинског инструмента.

ПОНИРАЊЕ

Речи служе да можеш да се скриваш иза привида... Има ли још нечег сем тишине у тим гласовима? Док тонеш у сан, те живе слике постају све већи део твог живота.

НЕСРЕЋА

Нема те несреће која неће доћи ако о њој непрестано мислиш. Не знаш о њој скоро ништа, а она те већ притиска и јавља се као претходна туга која несрећу призива. Говориш о њој неодређено и мутно, слутње изгледају претеране, више као нека пренаглашена места из туђих запамћених живота, а она лично само што нос није помолила, гледа те с околних ствари које се спремаш да узмеш у руке и већ те на свој начин воли. Умиваш се, а свежине у води нема, лепи се за твоје лице, па грабиш убрус да се бар добро обришеш. Размазујеш је по свом лицу, а она те запахњује отужно и изазива овлашан свраб. Журиш напоље, међу људе, а на улици нема никог живог, само сијалице горе иако је дан и чује се далека бука за коју не знаш од чег потиче. У кафани голи столови, раштркане столице, а дубоко у полумраку за столом неки човек нагнут стојећи чита новине. Непомичан је и некако превише мален-малецан. Ниси намеран да му се обратиш, али очекујеш да се он окрене, или бар мрдне раменима док преврће страну. То траје и ти се сам окрећеш према излазу, а онда схватиш да више немаш куд. Све се пружило у недоглед празно и пусто.

МРТВИ УГАО

МРТВИ УГАО

Седео сам за трпезаријским столом прекривеним мушемом и са озбиљношћу (знао сам то!), достојном шестодневног стварања *овога* света, бележио један од својих записа. Чинило се да ствари леже у модел мојих замисли на прави начин и да *смислена зграда* добија облик настамбе достојне човека. Скоро збуњен нисам веровао да је моја улога неизбежан наставак теодицеје, да је она одбрана непредвидивих изобличења. Прилазио сам самоме себи...

ПЛАТФОРМА

Посматрам једну шематизовану слепу жену како опрезно прелази преко дашчане платформе над великом водом. Њени покрети се ређају скоро на исти начин: ослоњена на једну ногу, другом лагано опипава тло и креће се напред, а онда пребацује тежину на другу ногу и истим покретима брисања прашине одмиче још корак даље. Руке су јој раширене, дигнута глава као да њуши невидљиву опасност из горњих слојева ваздуха. Напредује и, видим, избегава опасне рупе, ретке разбацане замке тамо где је отпала понека даска, као и она уска места на платформи где нема ограде.

Посматрам је већ дуго, а она наставља својим опасним путем прошав скоро половину. Сумрак је и сунчеви зраци ме успављују колико и покрети ове жене-паука. У глави ми се буде мутни одблесци сећања и варнице наглих помисли на неке непосредне нове опажаје. У тој расплинутости чујем удаљен пљусак нечијег пада у воду (чији је? њен? мој?) и плач који не могу да избегнем иако је изван мене и није мој. О, плаче неко, а никад, никад нећу сазнати да ли сам у то уплетен.

Каква је ту замена по среди? И откуд та жеља (ил само нагон?) да се досегну границе доступног предела?

ПАЦИФИКАЦИЈА

Множина је насилних ратних смрти описаних тачно и детаљно у *Илијади:* размрскан потиљак или чело баченим каменом, копље забијено у око, мач заривен у уста, стрела забодена у врат, прса или утробу, па чест случај копља ринутог у леђа при гоњењу противника, па отровна стрела зашла у било који део тела и, као климакс драме, тај исти затровани комад метала закачут у уклету Ахилову пету. Истиче црна крв и тежак бол притиска самртника, очи се празне, а душа излеће као испуњена судбина, али и као слава или срам ратника. Па коликогод то представљало онај објективан временит слој и до данас су завршне чињенице исте: „колена му разглоби" (код Маретића), или, „колена му раздреши" (код Ђурића). Убици је *то* био циљ. Непокрет противника. Пацификација.

ТРЕН

Титрања, лебдења, понирања – зрак се ломи и боје расипају некад зачудно застрашујуће. Како издржати и не затворити очи пред свиме што може бити лепота и спас? Ил варка зове као и увек да се трен затвори тек што је почео?

ХОДАЈУЋИ ГРАДОМ

Док шеташ улица постаје твоје станиште. Пошао си без циља и шетајући налазиш своје ужитке у лагодности промичућег океанског зрака, у преливима пастела свуда наоколо, у брзом ритму смењивања свакодневних призора. Застајеш у одаху и осмех ти заискри на лицу у одговор на случајан осмех непознатог старијег пролазника. Климаш главом у знак поздрава реновираној фасади старе зграде са жељом да то твоје задовољство буде комплимент некоме неодређеном. Јутарња пролећна светлост чини зидове прозрачним, а високи прозори изливају на град додатну светлост и топлоту. Лица се у поворци која хита смењују и чини се да у себи разазнајеш неке драге изгубљене ликове и заборављена имена. Колико наде у овом јасном дану, колико увU+0435рености да су твоје дужности лаке и неизбежне. Сећања грезну у изненадним сензацијама виђеног. Асфалт је распрострт као скупоцена тканина широм града и гле, бива сивобео у кретању колоне возила. Жељно би пружио руку непознатом, али ка теби је исто тако жељно пружена просјакова рука. Благословен био у овом дану када великодушно свака друга рука удељује милост злехудом. Поткресана стабла платана личе данас на изложбу људских торза, или на постројене инвалиде у чудној вежби хрљења према сунцу. Олињала зимзелен у жардињерама, а пропупела улична стабла припремају своје пролећно славље. Хај, дани се усправљају у тријумфу извесне узалудности, а ја молим да се сачува ово нагло пробуђено надање.

ТРАЈАЊЕ ИМЕНА

На јутарњем сунцу, са застакљених палуба бро-да-ресторана на Ушћу, трепери и бљеска одсјај во-де. Здружују се три вечности – ватра, ваздух и во-да. А с тла, са *земље,* с четврте вечности, очи се као сама пролазност придодају да именују ово ме-сто.

СЕМАФОР

Из дубине калемегданског зеленила показује се удаљен рад семафора на улици: ...црвено, кратко нараниасто, зелено... црвено, кратко нараниасто, зелено... и тако без краја. Растужује ме сиромаштво тог понављања, та сурова правилност, али ме и умирује тај неприкосновени ред. Трепер је то извесног универзалног реда, још једноставнијег и суровијег који ми не дозвољава да мислим о простом и *правилном* смеру сопственог кретања.

БУЂЕЊЕ

Једнога дана приметих да на бронзаној фигури младе жене у фонтани с голубовима испред Изложбеног павиљона недостаје читава једна голеница. Фигура се клатила и чинило се као да покушава да узлети, уз сву опасност да се сруши у влажно корито фонтане. Њен дигнут поглед и протегљасто тело изражавали су, као и раније, жељу при буђењу за јутарњим узлетом и ослобађањем од тежине тела и сувишних снова. Сутрадан у пролазу приметих да је скулптура још увек опасно нагнута. Желео сам да јавим некоме *надлежном* да учини нешто да се ово оштећење отклони. Оклевао сам, а после неколико дана све је било *доведено* у ред: гомила метала је била на своме месту међу равнодушним голубовима који су и даље, њих петоро, штрцали своје разроке млазеве, а шести је, међутим, жалосно шмрцао. Додуше све је било ту и на броју: подигнута женина глава, извијене руке у замаху узлета, обе голенице и остало. Лепотица је чврсто стајала на својим ногама. Али... недостајало је нешто битно, или боље рећи, нешто је овде било *сувишно*. Моје помисли су само окрзнуле једну могућност.

КАЛДРМА

.

Тек где-где у запећку калемегданске тврђаве
сачувана је стара турска калдрма: крпара подера-
на и заборављена, комадић грубог мозаика наме-
њен пажљивом кораку, старо лице спечено и једва
променљиво у трајашности. Сваки овећи облутак
чувао је пак и нечије изгубљено лице дискретно
склоњено овде од погледа и пропадања.

ЛОВОР

Бокор ловора, тамнозелен жбун с огртачем од светлијих овогодишњих листова. Светлуца подсмешљиво и благо се њише изван сваке вечности пролазне славе.

ВЕСНИК

Божићни сунчан дан на Калемегдану, сличан ономе из давне 1806, када се устаници беху спремали за напад на ово осиње гнездо, не би ли ослободили стару тврђаву, симбол ропства, у коју се из вароши после жестоке борбе пре двадесетак дана беше повукла сва турска ордија и велики број домаћих Турака. Седим на клупи и пригревам се на пространој тераси где се некада налазио замак деспота Стефана Лазаревића, а сада је ту, недалеко од мене, само невелика месингана макета замка на каменом ониском постаменту исписана свакојаким графитима и гомила празничних шетача у промицању. Посматрам *Весника победе* уроњеног у чисто азурно небо, сливеног с висинама и с неизмерним временом. Видици се мешају, опажања и сећања мењају места, а ја се осећам нестваран у тој незавршеној драми. Више млазњака шпарта плаву подлогу ваздушног океана, а крај мене дугајлија, Узун-Мирко Апостоловић, занесено и одсутно пуши загледан у себе или у даљину, док му с прса златасто севају токе на сунцу, или је то само одсјај крви која је пробила пожутеле завоје; посматрам Васу Чарапића огрнутог руским шињелом, хода зидинама као да лебди и не мислећи на своју недавну смрт на варошкој Стамбол-капији од својих; ено и стражара турског у најкама, приправан је да у прави час остави одшкринуту Водену капију, из стиснуте шаке одваја из чекмеџета добијеног од Конде две бакарне парице, купује нешто код старца-Јеврејина који је своју робу изложио на картонској кутији: леблебију, семенке, жваке, иконице (има ли светог-Стевана?), разнобојне балоне; ено и групе турских главешина, спремају се за бег Дунавом, већ су и чалме заменили некаквим каубојским шеширима, шапатом издају наређења двојици брадатих послушника, а ови журно замичу према Краљ-капији. Зачује се пуцањ, надам се да ја нисам у том замешатељству и да метак није упућен мени. Деца се мотају около, увек су тамо где је најопасније, мајке им довикују нешто и осмехују се свакоме усусрет без правог разлога, ваљда у намери да оправдају наколнике. Устајем и као извидник посматрам то узбибано место наших судбина, а онда бацам поглед на сат и крећем дома, према Зереку, на божићни ручак. Родити се нисмо избегли, а сад нас чекају неизбежни ритуали све до Васкрса, пред којим и праведникова душа устрепти.

НАПРСЛИНЕ

Управо сам био завршио један краћи запис. Био сам задовољан: сажет је и чини ми се добро избалансиран. Стварно и замишљено су у асоцијативном преплитању, у игри фуриозног изазова. Податак и његове замене у низу присутних слика мењају места и воде у вртлог маштовитих претпоставки које одскачу као лопта у зидном тенису враћајући се у игру. Фантастично и стварно шире поље опажања и откривају посматрачевом погледу нови свет који је и нови задатак. Изгледало је да је све литерарно аутентично. И било је, но покушах да проверим тек једну фактографску ситницу која је носила поенту. Кад, показа се да је процветала ружа само папирни украс. Иако се жена у мађионичаревом сандуку и претестерисана покретала, лаж и опсена ишли су руку под руку. Ставити читаву пируету пред читаоца личило је на признавање пораза. Незнање јест мука, али знање је најчешће горак самоироничан подсмех. Често само мргођење.

КОЊИ У ЗООВРТУ

Шетња зоовртом не би била тако узбудљива да
је не гледамо као хаотичан проспект. Десетак ули-
ца и чудо божје као излог који базди. Нојева санду-
чара у малом. *Необично* привлачи посетиоце нај-
више: мајмуни, велике мачке, камиле, нилски коњ,
жирафе. Тиска света који се забавља. Нимало
чудно што су некад зачудне примерке приказива-
ли у циркусима, па и застрашујуће људске наказе.
Сви су овде докони сем послуге која ненаметљиво
чисти, пере среѓује и приноси храну заблуделим
животињама. На сваком углу продавци грицкалица,
бомбона, балона, играчака. Радознали ној шпарта
својим притесним двориштем, очи и кљун владају
мајушном главом. Гмизавци и рептили леже не-
помично, а мрдну ли, посматрачи се узмувају у
граји. Слонови клипшу и љуљају се у месту као те-
шки инвалиди. Двогрба као брадати дервиш изводи
свој ритуал забацујући главу и дижући запенуша-
ну њушку док прави кругове у скученом простору
свог обиталишта. Тигар достојанствено зури у
даљину и не обраћа нимало пажње на посетиоце
и скоро оглодани черек. Два младића-активиста
деле календарчиће са сликом свог партијског во-
ѓе. У једном углу луткарска представа за најмлаѓе,
тате држе своју младунчад високо као транспа-
ренте. И, одједном, на благо зањиханој травнатој
падини угледах два коња: као у вестерну, пасу док
их зимско сунце милује и згрева. Баналан призор,
али утолико пријатнији у целокупној стварности
робијашнице. Застао сам као да сам срео неко дав-

но лице света, познато као завичај или мило као једна незаборавна улица. Мало нервозно поиграва ова два будалаша ваљда срећним случајем затворена овде уместо да заврше свој век на траци кланице. Да им се придружим представа би била потпуна. Само како се маскирати када си већ у својој улози овде и свуда? И ти си на своме месту брајко и не помаже ти иронизирање. Сви смо само учесници једног комерцијалног циркуса који сами плаћамо и одржавамо. Прате нас заједљиви коментари од рођења па до века. И то је све.

НЕСАГЛАСНОСТИ

Кула на Старом сајмишту, танушна и висока и скоро провидна, никла из зеленила спаја конце саобраћаја *преко воде*. Отуд, ваљда, наличи Керберу. Но где је пакао? С које стране воде? Возила-чамци на траци Бранковог моста превозе душе и тамо и амо?

БОНСАИ

Ходао сам парком механички, присутан у себи самом непознатим примислима. Да ли сам бројао, или сам певушио опсесивну мелодију Прокофјевљеве патриотске песме из *Александра Невског?* Не знам? Када сам се пренуо, налазио сам се у овом истом парку, на овом истом месту, али у *бонсаи* верзији. Борови и јеле, јавори и брезе... храстови и букве, били су тек нешто већи од пољских цветића. Били су: беле раде и маслачци, љутићи и хоћу-нећу, штапићи жиловлака, итд. Ја сам пак корачао као чудовиште тим парком без хладовине, том неочекиваном наказном ливадом, као својим забраном. Дечачка радост рушења прво је што ми паде на памет: разбуцати све то као ружан сан. Но одмах сам одустао, понесен манијом величине којој одолевам тек када је упијем до краја. Костоболни каратиста.

ВАТРА

Када се на јулској жези све усија и сама земља почне да светлуца, а на улицама се, уз ивичњаке и по удубинама асфалта, јави фини сјајан прах, зрнца златнога песка, људи се склањају у дубок хлад и у предаху су сагласни у свему, толерантни у празним разговорима о времену. Само се у даху најслабијег осећа нова, тек зажгана ватра двоумица.

ТАВАНИЦА

Пас је дремао крај врата собе. Из црног великог лонца на старинском шпорету дизала се пара. Личило је на сумрак, а можда бејаше јутро. Лежао сам на кухињском отоману и уз шкиљаво зимско светло опет тумачио шаре на прашњавој, неравној таваници. Заводила су ме наизменично два цртежа која сам видео час сливене, час раздвојене. Видим ли један, другога нема: човек на њиви сеје разбацујући руком семе; друга слика била је длан судбине: нечитљива претња.

ИЗМЕЊЕН ПРОГРАМ

Ноћас је на плахом летњем невремену пала сува грана и здробила се на влажном асфалту. Жути и сухи листови расејани су недалеко. Влажне кестенове цвасти на суседном стаблу, славе и данас сунчеву светлост, своју пролазност вешто скривају. Фонтана у програмираном покрету не може да понови задату јој лекцију, ветрић њене млазеве изобличава. Ја пак промене с муком уочавам и држим у сећању.

ЕСТЕТИЗАМ

Очигледно је да се у литератури поново јавља естетизован антисептички концепт поезије, без посебне, сем „тајанствене и мистичне" везе с животом. Он тражи вернике, не читаоце. Кажемо ли да је потребан, мада споредан и нејак по дејству, мислимо пре свега на школовање гласа на историјском материјалу. Свакодневног ту нема, сем оног елементарног и основног – ноћ, снег, ваздух, кристал, сунце, азур, зрак. Чини се рафинирано, међутим само је празно. Тако је ишчишћено све, да се из наше традиције може изабрати тек по кап од неколицине бољих песника. Оно што је и тако давно ишчилело. Песник је у кули од белокости, али заиста наличи на нешто што једва показује своје постојање, док се оглашавају само безбојни бескрајни етерски простори. Лик песников?

КАЛЕИДОСКОП

Живим у једном јединоме тренутку који већ предуго траје и забринут сам што не примећујем више никакве промене нити у свету нити на самоме себи. Непроменљивост је суштинска, мéне су само преламања сунчевих зрака, а ја и свет уоколо непрекидно смо исти, а у том истом трену, у игри светлости, истовремено и различити. Калеидоскоп је пред мојим оком које све мотри. Да ли старим? Да, као вилин коњиц који не познаје оквир свог живота, мрклу ноћ, мрак.

НИШКА СЕКВЕНЦА

ЋАО!

На михољском сунцу расејано сам зурио у треперавориће светлуцање вечно мутне Нишаве, а тад зачух једно јасно и гласно: „Ћао!" Овећа беба, из дечјих колица која су промицала, изустила је подигнуте главе ту можда баш своју прву реч. Пролазила је, одлазила, напуштала ме, ведра као и свако присебно биће које најављује своју пресудну одлуку. Насмеших се несвестан да већ с новим занимањем пратим живе покрете младе мајке. Нисам се усуђивао да и ја, сем у себи, поновим ту чаробну реч која призива све неизбежно и све присно наглом објавом опроштаја.

ПИСАЦ/ХЕРБАРИЈУМ

Гледао сам га те касне вечери док је нагнут над радним столом читао свој рукопис допуњујући га повремено којом цртом. Једва приметно глава му је тонула према тексту, а осмејак се поступно губио с лица и само је још мутан одсјај вештачког зубала плутао у гримаси која је откривала поспаност. Стар, стар човек, истрошен мислима о неизвесним стварима, расипао се и сам у благу пулсирајућу форму која се ширила и скупљала у ритму испрекиданог дисања и, то је било све што је обележавало његово учешће у животној свечаности. Сутра вероватно више неће бити ту; пренеће га измученог на неко обележено забачено место и препустити коначном распадању. Нимало зависти ниоткуд, а недалеко извесна знана креатура понављала је с пажњом покрете понирања уочене пре тога у овој соби и обележене нечитким знацима у напуштеном рукопису. Разлике су биле неуочљиве, али битне за један имагинарни хербаријум истородних примерака.

ЈУПИТЕР НА ПРЕСТОЛУ

(За др Владимира Домазета,
унука протагонисте приче)

Уочи Другога светског рата, госпон Владимир, адвокат и археолог-аматер, довози из Нишаве песак за своју нову кућу. Унајмљени, Чуља и Зека, отац и син, напоредо као другари, заврнутих ногавица, мокри и ћутљиви, убацују пуне лопате песка и воде у изанђала товарна кола. Сунце упрло, а Влада у танком хладу гледа преко реке у неког пролазника кога не препознаје и брише зној белом већ мокром марамом. Над коњчетом у реци спустила се дуга од расутих капи. Кад гле, о бочну даску у колима тресну комад метала који је с песком захватио млађи Циганин. Влада се прену на муклу јеку, па приђе и узе у руке испрану потамнелу фигурину човека који седи. Душа га заболе од радости. Ћутао је као што је фигура ћутала вековима. Захвати шаком мало воде из Нишаве, пљусну се и отпи неколико капи да оквási уста. Чуља баци још неколико лопата у кола и изведе коња с колима из корита реке. Данас га стиже дупла дневница. Зека се радовао новој сребрној петодинарци и сновао шта све може да купи својој тек доведеној малолетној невести. Ахој, радости, која је обузимала сву тројицу док су одсутно отпоздрављали понеком ретком пролазнику. Сунце је пробијало грдне просторе, а Јупитер је из знојаве мараме објављивао радост свог новог неизвесног живота.

КАФАНА ЗЛАТИБОР

(За Воју Јовановића)

Више је нема преко пута Гимназије у Нишу. Ту су сада две кафане и ћевапџиница „Код Нене и Јоце". Купих гурманску пљескавицу у лепињи и завијену је понесох у непознатом правцу кроз град који после скоро педесет година једва да препознајем. А пре много година седела су ту три матуранта и испијала своје ракијице расправљајући своју књижевну тему: Бекет или Пруст. Никако се нису слагали, иако су пили исто пиће. Одмор је давно прошао и ено групе ђака, маше им с прозора учионице на спрату. Можда им откривају тајну правог опредељења: сведочење је говор о себи, какав такав. Из полумрачног окна суседне куће помаља се лице девојчице која плаче. Нејасне и неодређене ствари претрајавају, а оне доспеле губе се на хоризонту суште празнине.

НОЋНА МУЗИКА

Касно је лето и дани протичу узалуд покрај осунчаних пејзажа. Људи су само фигуре чије сенке постају краће или дуже док они гамижу усијаним тлом. Када се спусти сеновита ноћ, све оживи. Из процепа нагорелих кућа излазе лепотне жене и клонирани мушки и крећу ка удаљеној реци и ретком шумарку ублизу ње. Чује се пригушен радостан жамор и понеки крик задовољства дигне се к небу као наговештај обећане свеопште среће. Антене одзвањају од обичних породичних вести о заборављеним празницима, о додирима међу блиским. Не верујем да си дошао ту да ћутиш. Твоје место је одувек било скривени омфалос који чува гласове других.

ЗАВОЂЕЊЕ

Неутешна младенка склопљених руку плаче према високом зиду. Ублажени јецаји падају крај њених ногу, а они неуслишени и тврди извијају се према небу и убрзо падају на млађе пролазнике као страсни позиви. Исконски гласови немају извора и чини се нити посебног циља, до да изазову љубавни немир и страх од самоће. Где год да си, до тебе допиру различити позиви неутажене страсти и будући скоро смирен ти се осврћеш и у пробуђеном немиру стискаш сопствене руке. Има ли излаза када су сва врата отворена и сва срца изгубљена? Или је то само слободан пролаз?

ХОТЕЛ

С десетог спрата хотела „Амбасадор" поглед не може да не буде радостан – видик према граду и праменове магле далеко на хоризонту као да држиш у руци док стрепиш од превелике близине толиких игроказа. Ниже, на пространој тераси зграде преко пута, троје деце предало се некој својој забави и то што им машеш никако не могу да примете. Из ближњих врата к њима дотрча пас и они напуштају своју игру и почињу нову у већем друштву. Из димњака удаљене зграде куља дим. Касно је лето и не знаш да ли је то пожар, или је у тој кући просто – пекара. Жагор улице је неодређен и тек понеко трубљење опомиње занесеног пролазника да опрезније хода. На хоризонту цртеж далеке планине и густа зеленкаста магла. Када угледаш своју жену и сина дубоко доле на улици, несвесно би да им довикнеш нешто, но нико те и ниоткуд не опажа. Добро си скривен посматрач, немилосрдан судија чије пресуде остају неизвршене, сâм као бог ништавила, жртва својих умишљаја свакога наредног тренутка.

ПОМАЈКА

Пробудио сам се и знао: мајке више нема. Трепет живота био је још увек у мени, топао, танушан млаз неименоване радости и надања. Скривен, једва чујан знак помиловања. Када је то било? Пре више од четрдесет година, или малопре у сну пре буђења? На који начин траје та стрпљива брига произашла из давног губитка? Пружио сам руку према ноћном сточићу тражећи наочаре, слушни апарат и последњи свој запис. Као да је сам живот, неименовано опште трајање, та помајка крај узглавља, то нејако веровање у проток.

Други део

КЛЕПСИДРА

ИСКИДАНИ ТРЕНУЦИ

НЕСАНИЦА

Пробудих се из несанице
У сан о теби, мој ђаволку!
Бдим, као да сањам,
Твојим се репићем играм,
Твоје име понављам
Док лице ти рутаво љубим.
И мука у непомаку
Траје, док очи сухе
У дубок бунар зуре –
Тамо где све се губи
И где све настаје –
Себе, себе виде.

Вода је тамно око
Које те слепо вуче
Као протрнулост
Што ти ногама мили.
Покрени се, покрени!
Свако је мотрење
Обрнут одраз слике:
Помериш ли се
И не мислећи на то,
Хрлећи тек за покретом,
Тај сан се испуњава,
Сама невољна искра
У тамном бдењу живота.
Вараш се ако мислиш
Да томе можеш избећи:
Слика се изобличава
У оно што ниси знао,

Па мада помно гледаш,
Мада по истини клизиш,
Твоја је једино слика,
Лик који се понавља
У сну видљиво,
У несаници патњом.

УВЕРАВАЊЕ

Ти си очекивани додир
У апсолутној ноћи,
Несазнатљива.
Стаза је иста, знана,
Ходам ипак опрезно
И чекам то склиско непознато тело
Чвршће од сваке вере,
Јасније од сваке мисли,
Једино верно обећање.

МРАВ

Зна само своју корист.
Кошта оволико –
Онолико.
Живот ме кошта
Живота.

Мрда рељефом околиша.
Стани се под каменом,
У винограду,
У солитеру,
У зиду тврђаве,
У растреситом гробу.

Мрву на путу,
Ил мувље крило,
Покупи и носи с муком,
Па застане
И читав свет гледа
Као своје имање.

БРАНКО

Ја сам ја,
Јер нико други то није.

У оку црном
Жива се жишка вије:

Ватра и ништа.
У језику се скрије,

Па се на уснама
У пламен расповије.

ДИТИРАМБ

Чуј како мјауче ветар!
Чуј како траје пас!
Чуј, непреболно лако
И ведро, у собни час,
Зија домаћи пакао.

Не, јутрос нисам плакао,
Њискао је усисивач.
А преко чујног немира,
И преко равног папира,
Оловка тражила траг.

Чуј како чили сапуница,
Чуј хладан шапат рачуница,
Чуј како смеха вакуум
Диже се над водама цакум-пакум
Ко библијски опнокрилац – бог.

Чуј, чуј, чуј!
Лако је рећи чуј.
Ал чути бруј, поћи у Птуј,
Кушати, слушати, путуј и псуј,
Па стићи у Козлодуј!? Шта туј?

Чуј како мјауче пас!
Чуј како траје сапуница!
Чуј, прашни усисивач
Побринуће се о свему,
Што јесте било прах.

О ТРЕНУ ИСКИДАНОМ

(За Гија Пернуа,
разбијача атома времена)

Трен је живот	трен
Твој кавез вечан	узан лежај
Све што још имаш	усиљено
Обичне речи	осмех смртан
Милости ради	упућен забораву
Јер час је суров	преображаја нема
На кобном путу	нит тренутка
Само сећање	сабијен бескрај
Лута временом	реч-слика
Тек преклоп очију	непокрет крви
Светлост хвата	да те сачува
На замци-снимку	за неизвестан почетак
Лик твој зрачан	теби обећан
Нешто сабрано	у мраку мисао
Опет си далек	зрак оваплоћен
Као сећање	ево шири се
Напустило те	неприметно постоји

СЕЋАЊЕ НА САН

Вихорило се, ширило небо
Избодено жишкама звезда
Непосусталих,
А јунак се још
Од смрти своје дели
У сумору издвојености,
Преображава се у бездушно ништа.

Да неких других очију има,
Веровати је,
Иза свег би се
Војска утвара назирала,
Моћнија од божје моћи,
Верна као срча светлости
С пробијених граница неба.

Сан је поприште, стратиште, згариште
Читавог времена издвојеног,
У лоптицу се ужаса сабило
И управо експлодира.

МРКВА

Ту где је крви канула кап
Танушна мрква је никла:
Зелене ресице листова,
Румена два запретана крака.

Каква је снага, каква коб,
У бићу томе била,
Да једну је животну нит
У корену још раздвојила?

ПРВА СЕЋАЊА

Не, не сећаш се
Прохладног мартовског дана
Када си био
Тек свога оца прека намера,
Протуберанца коју би врелу да отпљуне,
А ти у тисци оста само
Несрећни победник,
Смирен у зрелом жумањку матере?
Ничему не служи
То филогенијско сећање, то знање,
Пружено у миленијумски бескрај
Брзих резова: бежао си
Настављајући сан до саме капије
Када ти плућа први пут удахнуше
И први глас у плачу кликну
Да ти сачува разум.
          Плач изнова бива
Маска хаоса, а ти слуђени силник
У загрљају дома,
Мудро жмуриш и сисаш
Пуну и праву срећу
Беспомоћнога бића.

КЊИЖЕВНО ВЕЧЕ
У СТАРАЧКОМ ДОМУ

Сад, извесно је, нема шта да се каже,
До ли слободно да се жели
Нешто скривено и незнатно:
И тако речи, узнемирено јато,
Прхћу и откривају недовољан смисао
Лепршања.
Шта је ту између ових људи започето
Ако не узалудно ништа
Које попустљиво плаче, смеши се – благо?
Душа је та пустопољина
Где је бог сићушан, травка
Још непогажена.

Де! Ако си ближе себи
То значи да си на путу изгубљен,
Пут читав сада ненадно припада теби.

ЖИЗЊИПОДОБИЈЕ

Живот почиње туђом причом
И причом туђом се завршава,
Твоја пак прича само је пауза
Узрујаних страховања.

Спочитавану причу у знацима навода,
Подсмешљиву, али не мање твоју,
Увек пронађеш у првој слутњи,
Јунак што наде изневерава.

Каква је то збрка! Други открива
Залудност неизбежних покрета.
Они (да!) нестају, они се рађају и умиру,
Само ти остајеш заувек рањен.

И када причи дође крај,
Схватиш: твој положај је чудан –
Распршила се дружина, кућа нестала,
А ти непостојећи још увек патиш.

Међутим, пар завршних реченица
Изговара неко ко ти не значи
Више него ти њему,
И сви ослушкују зрелу тишину.

МИР

Никакво начело,
Или стратегија,
Ил скривени циљ,
Неће се као леш
Подићи из воде
Да објасни твој нестанак
И да га оправда.

Домишљања су лажи
Очајника,
Хаос припада хаосу,
Покрет је немоћ
Да се влада смрћу.

И тако,
Нека мир остане
Ван домаха батргања.
Мир то је воља
Непознатог бога.

ХРИСТ / ЈЕРЕС

Сви овде чекамо чудо,
Јер оно што је разумно, што имамо,
По природи је мало
Да посустало биће нахрани.
Зато хулимо
И верујемо да је неправда
И само постојање бога.
Нек сунце експлодира,
Нека се ноћ у зенице збије!
Гола свест ишчекивања,
Мртав је рукавац живота,
Патрљак јуродиви
Који избезумљено дрхти
Да чудо оживи
Својим очајем.
Кад се и то збуде,
Изабрани ће
Постати икона,
Распети крст тела.

ОН

Проценитељ чучи
На чврстој подлози,
Рабош скрива и говори
Анестетичке речи
Које роморе, смирују, теше.
Тек када пружи у поздрав руку,
Угледаш подуже и чисте нокте, повијене,
Ка себи вуку.

КУЋА

Када те затворе у кућу
И оставе ту да чамиш
Са стеницама и поганцем,
Сећаћеш се друкчијих дана,
Проклињати своју судбину:
Излаза нема у кајању,
Ни клетвама у очајању.
Поглед окренут зиду
Враћа осликану таму
И прошлост изгубљену,
А преко тебе мине
Живот глодара и крвопија.
Открио си белодану тајну:
Кућа је тумулус који те слави,
Ти своју пропаст не заборави.

ВРАБАЦ КАО ГАВРАН

Летео је, надлетао врабац
Стреху мог дома, певао:
Џ-џ! Џ-џ! Онда застаде
На лименом олуку
Да ствари опсервира
И проблем реши.
Џ-џ! Џ-џ! Џ-џ!

СНИ

Сијају сни
Преко граница века,
Ал само најузалуднији, најсвежији,
Остају с нама да их још једном
У часу умирања упијемо.
Они су сведочанство наше узалудности,
Мелодија нашега живота.

Сјајно-црн сан
Још увек бљешти,
Изнемоглога опчињава
Прозирношћу мрака,
Оштрином свог корака,
Па се нагло као водопад улива
У последње трзаје тела нежива.

И нестаје
Загубљен у ишчезлом болу,
У непокрету, у сваком
Од оних што буље свакојако
У снежни екран неба
Дубоко, дубоко, дубоко,
Где све се беше одиграло.

ГОВОР

Читав говор извире из прошлости,
Па замичући преко нашег становишта
За Каиросов трен,
Враћа се у шири словар.

ВЕЧНИ ЖИВОТ

„Да је једна бар кап суте остала...“
(Растко Петровић)

Бадава слово о вечном животу –

О роду, постригу, монашком посвећењу,
Посту, смерности и тврдој вери,
О љубави што све прожима,
О молитвама, патњи, искупљењу
И смрти јединој ослободитељки,
Најзад, у подсећању, о празним лубањама
Испраним зејтином вере, вином заборава,
Поређаним на полицама у крипти
Као играчке у робној кући –

Ако је градитељство завештано најбољима
Да се заумно у свету обнавља.

Није ли ипак дариван свако
Животном силом, језиком потом,
Да заједништво вере заступа?
И, не носи ли, ко ктитор у храму,
Дело у рукама на дан Страшног суда?
Воља, преданост, судбину учине
Достојном патње па име стечено
Засја тог дана кад се и чудо
Светлошћу Његовом докине.
Срећа, онда-сада, живот је праведан,
А свети наум није изван света.

. . . .

Пробдим
И пробудим се у храму Твом Господе,

94

У роду свом понад облака на пропланку вишњега
                                             неба
И угледам се у мукама негдањим
Док настојим да опстанем у неподношљивој
                                          сумњи.

Има ли силе изнад векова
Измерених не заборавом само,
Већ грудвом земље
Што преображење исијава?
И опет исто буде, шака хумуса, кристал песка,
                                            сплет
Глине у окрајку нагорелог суда
Запретаног испод свега!
Човек је костур
И има то да буде
Довек. Ил само маска је
Што празним очима
Из ничеса у ништа зури?
Костурница
Овај је свет, или је то други свет,
Или само у бојажљивом погледу човечјег детета
Обновљен сјај још једног пролећа сија?
Нема патње која не може бити
Савладана, ал крхкост помисли
И јад отвореног неба
Остају заувек... испитани
И напуштени... Као испрва,
Наопак је храм који замукне,
Наопако се отварају двери,
А они у певници
Што крај самога иконостаса зевају,
Радују се залуду. Превара је
Каштига преварном,
Када би да је разуме. А заблуда,
Може ли бити спас? Сан?
Нишчему још, смрт је.
Па ни то.

СЕЋАЊА, ПОСВЕТЕ

ОДГЛЕДАО ЈЕ
САТЕЛИТСКИ ПРОГРАМ

...После чиваса, сркутао је хладан чај
И гледао сателитски програм;
Тек који час касне за Олујом!
Пети већ дан стезао је зубе,
Стезао наслоне фотеље хладним шакама
И чекао да све то преко екрана прође,
Да вести крену другамо:

У првом плану хаубице,
Огромне, вреле, раскречене,
Око њих послују опуштено
Зарозани знојави младићи –
Као у порно филму;
Па куће у пламену, маскирне униформе,
Заставе са шаховницом, тутањ тенкова,
Мапе обележене стрелицама према Книну
И хаотичне колоне избеглица у неизвесности,
Док прикована за једно место остају
Рањени и мртви.
Читав тај пакао препокрива
Једнолик глас спикера,
Као да отаљава туђ посао.
Војска, чијагод била,
Нишани и пуца према изложеним животима,
Уплашена лица цивила гледају у страну
Ослушкујући унезверено
Удаљене експлозије намењене другима.
На женама прашњава црнина,
Деца занемела, као у болници.
Бескрајне каменоване колоне

Претоварених аутомобила и трактора
Разбијених стакала, с новим мртвима и рањеним,
Изрешетани стоје заглављени у бежанијској
нигдини
На аутопуту „Б-б-братство и...".
А негде у сигурности спортске дворане
Ишпартане душецима,
У другој *држави,*
Невољничка избегличка досада одсутно пуши,
Или брбља да заборави где је,
Или просто –
Јеца и ћути.

Одмахнуо је нервозно руком
Жељан обичних прича, безначајних сећања,
Дугих реферата. Смишљао је
Шта би да каже
Гласовито и уздржано, без изричитог ангажовања.
Немогућ задатак!
Главом су кружиле јасне речи данашњег дана
О поразу, о неправди, о смрти,
А он је тонуо у ковитлац фраза
Које бејаше изговорио
Некада. Сажаљење, да,
Оно је у сваком срцу,
Али то није довољно, то се бар
Не очекује од *њега.*
Својима можеш рећи било шта,
Они ће аплаудирати,
Али сада,
Слушају сви: у кућама,
На улицама, у збеговима,
У зебњи затечени чекају
Одлучне речи, мушку утеху
Која наткриљује и штити.
О пропасти говоре они
Који је не могу избећи
Захваћени махнитим замахом

Што наниже вуче;
Но да ли је могуће
Још који дан сачекати,
Па када најгоре прође,
Изаћи и показати умешан став
О неумешаности у ово
Што се по екранима ваља?
Како у мрклом мраку препознати
Оно што нестаје
И оно у настајању
Што се у преображењу мимоилазе?
И док се у привиду губе
Јасне контуре ствари,
А могућности бивају застрашујуће,
Како узјахати, ма и жабу,
А не ветар поноћник и –
Дочути сутрашњи поздрав?
С чим се иначе окренути будућности, како
Раздвојити мржњу и милосрђе
Чини се заувек помешане?

Одгледао је програм,
Одгледао је програм,
Одгледао је програм,
Одгледао је... и чврсто лупио шаком
По непобитном столу.
Јаукнуше чаше!
Поноћ незвана уђе,
Као служавка.

(Средина авгусша 1995)

101

ПЕСАК КЛЕПСИДРЕ

(За Михајла Пантића)

Раним кад јутром с дорћолске падине
Промакнем до Калемегдана,
Осврнем се преко тамнога зеленила
Ка обреновићевској вароши у шанцу,
Према њеним приземним дворишним кућама
Расточеним,
Према бескрајним уличним паркиралиштима
Натрпаним,
А нада мном се кула с кровом од ћерамиде
Тврђаве-музеја уздиже
И стражаре с пушкарницама на зидинама,
Свеже президане:
Прошлост посвуда као да је ближа
Од оног што долазећи дан обећава.

Па се посадим на клупу на савском видиковцу
И жмиркајући у широком углу хватам
Ројеве разбацаних солитера широм видика,
Од Западне капије сличне житноме складишту,
Или у магли налик небодер-манастиру,
До полица мостова по којим бензинске бубе миле.
Мотрим град још нерушен, поприште љубавних
                                                                 прича
Сужња му посвећеног, црнобрког Мике Пантића,
Спаваћу собу заправо случајних доколица,
Брачних судбинских непрежваканих двосмислица,
Али и мрачних сачекуша
Када се рачуни своде рафалом калашњикова.
Онда ме, не нашав Новоме Граду средиште
Давно утонуло у песак клепсидре,

Нагло обузме култивисана брига:
Да ли је то још увек мемљиви Влаховићев
                                        подвожњак
Где се таласи једнога доба
Разбише у нове обмане?

Лагано тоне Велика Позорница Слика:
Од моје клупе, преко трамвајске пруге,
Стари се Град у Саву сурвава
И уз крештање гачаца изнад Сајмишта,
Преко мртвих логораша и веселих сликара-
                                        -маштара,
С новим се блоковима и градилиштима спаја,
А из пустошног песка израња Самопослуга
Пуна божићних пакетића и рекламних маркица.

Под исуканим зеленим мачевима ваздуха
Трепет се у прозрачној води огледа
Тешке плаве чашке
Расцветане мајске перунике –
Неба.

ЛЕТ КЛМ-665
АМСТЕРДАМ–МИНЕАПОЛИС,
24. ЈАНУАРА 98.

(За Сашу Јеленковића)

1.

„Вечни живот није добар живот" – понављао је у
себи
Усамљен путник у боингу-747
На путу за Америку. Били смо нешто јужније од
Гренланда
Над узбурканим водама Атлантика,
Висина 23.000 стопа, спољна температура 6,7°
Фаренхајта, итд.
Ређали су се прецизни подаци о нашем лету
На екранима бројних монитора
У паузама интерног ТВ програма.
Време једва да се мицало: хитали смо према западу
Брзином од 800 км. на час
И враћали се привидно у протекло време.
У издуженом унутрашњем простору летилице
Издељеном по средини стубовима скучених
тоалета
Скоро 700 путника, свако уз своје изабрано пиће,
У атмосфери опуштености управо је вечерало,
А жагор је потискивао странпутице помисли.
„Лије ли киша напољу?" –
Питао сам ћефлеисаног Амера
Који је тражио своје седиште.
Насмешио се пријатељски и запушио уши
Показујући према неколико околних бебушки
Које су зацењено концертрирале
Свака у својој fortissimo партитури.
Да, добар живот је добро друштво

104

У коме нико никоме не смета,
Изузев када прегласно пева
На своме месту у друштвеној стратификацији
Која, иако неокоштала,
Не пружа могућности за друштвени преврат,
Или су то само појединачна искорачења?
Мотори брује,
Трепери потмула мелодија
Од које сва зрна у завитланој махуни подрхтавају
И тело одах тражи у целини заборава,
А пре гутљаја у сваком стрепња замрмори.
Ова нас музика носи, она наговештава
Сву силу прошлих изгубљених времена.
Млада Индијка у тамном сарију
Мазила је свог једногодишњег малишана у наручју
Заводећи околне, па и удаљеније наздравичаре
Пригушеном ватром баршунастог погледа
Који је наликовао далекој заборављеној песми.
Нема тог склада који не говори о нечему познатом
Нашој души, ваљда је зато тако пријатан као
                                        хоризонт,
А близак на неки кобан начин.
Пролазност је прича и песма и сама судбина
Раздвојених осмеха и плача.
Сваки час промине стјуардеса, непрекидно се смеши
Баш мени, спремна је да ме услужи
Оним што је у њеној, не мојој, надлежности
(А све би то могло бити заносније!);
Сада је то пилетина на пиринчу преливена
                                пикантним сосом
И ја се трудим да укус прилагодим непцима
Црним холандским вином *Chevaliere Reserve
Cuve Lang-d-oc* 1996.
Питао сам се у слепом рукавцу помисли –
Ко је овде спреман да другоме пружи више
Ако се то од њега не тражи? Мотори су
Предано певали своју песму, час ведру, час
                                        невеселу,

Чинило се као да непрекидно говоре
О снази која сваком недостаје
Да започето доврши.

2.

Сходно *Основном закону промене* (ОЗП),
Све се мора окренути наопачке:
Редослед, облик, положај, својства
И по *Првоме закону сумње* (ПЗС)
Бити другачије и непрепознатљиво,
А слично нечему претходном.
Пропаст је губљење нити промене
И погрешно очекивање. Недокучиво је
Закон за човека, уроњено у све оно
Што је прозирно и недовршено.
После векова знања и нагомиланих чињеница,
Зграда се руши
И почињемо да мислимо
(О, ироније!) ограниченим и продорним
Језиком предсократоваца.

3.

Укочен испод прикачених слушалица
Слушао је музику, или вести, или је само
Медитирао усред огромне породице путника
У џиновскоме боингу. Време је
Несносно струјало
Усусрет својој пролазности подцртавајући је,
А ја сам гледао толико обичних лица
Која заслужују пажњу коју им нико не посвећује.
Леворуки, крај мене, испуњавао је
Образац америчке царинске анкете, уносећи
Личну ноту у пролазни тренутак
Тиме што се повремено интимно чешкао.

Два нежна оца
Неспретно су грлила драгоцен терет,
Своје кењкаве бебе.
„Пријатељу, запамти овај дан када си знао
Да је само време недостижно,
Нудило ти је још који час
Који би у забораву могао сматрати срећним.“

4.

Ми смо деца која знају
Да је крајње време да се пође на починак.
Мешкољимо се пред непознатим сновима,
Очекујемо тако мало,
Оно заправо што и добијамо,
Клишетиране лажи које се говоре другима,
Уобручене, фризиране приче,
Једнолику мелодију заједничких молитава.
Ми смо болесна деца
Која би да све буде одложено.
Но више нема, нема,
Нема протеклог времена.

5.

Претили песник
Певуши из стомака.
Последње вести.

КЊИЖЕВНО ВЕЧЕ У ПЛАТО ПАБУ

Четири средовечна мушкарца
Испод дифузног обојеног светла
Један другоме крушку микрофона додају
Пошто је претходно добро оњуше.
У сенци за столовима
Свици запаљених цигарета
Шетају горе-доле;
У највишој тачки
Сваки засветли јаче
Откривајући за трен
Бледи грч маске.
Колебљив талас аплауза
Запуцкета,
Па се у шушањ распе.

Утом уђоше двојица.
Јака је светлост около шпартала,
Камера зујала;
Па све наше ликове
Обележене прозрачношћу
Однеше у доказ
Да *ово* се десило
Да наруши редослед
Пре оног што ће доћи после.

(6. март 96.)

108

ЈАВОР

(За Тању Крагујевић)

Стамени двадесетогодишњак,
Широке крошње, распростртих, преплетених грана,
Гранчица цаклених као паукова мрежа,
А млад му бледозелен летњи лист
Дубоко изрезан – круна
По праву наслеђа.

Седео сам
У свежем хладу милован лахором
Милосног сунчаног дана,
А храпаво стабло, мрко и поуздано,
Певало је химну рашћења и напретка.
Читко се давала та брајева азбука
Пружена ка својој прозрачности
Да исти мењљиви призор гледа,
Исту падину за воћњаком према друму
Где запад гаси светлосни дан,
А трпку ноћ окивају промичући свици кола.
Неме речи нас подржавају,
Неизречене, у корену живе,
Усађене дубоко у крвоток ритмом била,
Ту задржане. Добро је док их примамо
Жељни њихове тамне фуге
Која нас окупља на кори сажета
У арабеску онтогеније.

Јаворе, што женским бићем владаш
Као сенка хладом, што љубав чуваш
Крошњом разгранатом
И не даш дан да овлада,

109

Јасност у којој један према другом стоје
Закрвљени, а тло се болно перута.
Сакупи испарења
У облак над крошњом
И нек те помисао храбри
Да остаћеш сам и крхак,
Но вољан да све се усталаса
У јакост ребра кореновог
Које се на тлу разголитило.

КАД ИМАШ ТОЛИКО

Кад имаш толико година
Онда мораш сам обрађивати свој врт,
Више нема глиста у земљи,
Нити птица у голим крошњама,
А кржљаво биље стукне
Покривено прахом околних ствари.
Када имаш више година од себе самог
Онда те непрекидно вуку сећања,
Врт другачији, не мање запуштен,
Но приклањаш се увек заводљивој трави
Која почиње нагло да буја
И бива слична теби негдашњем.
Када знаш да си ту не као неко у пролазу,
Већ као последње биће које оста
Да можда у врту ускрсне као прут
Сасушен, онда сав твој труд
Личи размештању постеље, припремању
Неопходних ситница на ноћном сточићу
За немирну недокучиву ноћ.

ЧОВЕК ИЗ СТАРАЧКОГ ДОМА

Тај чика из старачког дома
Имао је своје празнике, своје ритуале,
Своје сетнобрижне навике, своја оловна сећања.
Кадгод улучи прилику
Одлазио је на железничку или аутобуску станицу,
Или би се отиснуо чак на аеродром.
Умешавши се међу свет који путује или чека
                                        путнике,
Сам није знао ком свету он припада:
Да ли путује, или чека некога?
Да ли је тај неко драг, или недраг
И где се он сам запутио?
Отворио би добро очи
И гледао живописне људе и живописне сцене,
Ужурбаност и доконост, па уређене осветљене
                                        излоге.
Уморан потом, вратио би се у старачки дом
Своме лежају с отиснутим калупом тела
И ту би заспао сном праведника.

МАЈИ КАТУШИЋ

И овај час,
И овај дан –
У овај трен,
У овај сан,
Уливају се као песма
Коју ти певам кад сам сâм.

И ти и ја,
И ја и ти –
Тај мали свемир
Љубави –
Постоји вечно као песма
Коју ти певам кад сам сâм.

СВЕ ОНО ДО ЧЕГА МИ ЈЕ СТАЛО

Све оно до чега ми је стало:
Непролазан живот и страх од смрти,
Сурова самоћа и намрштена мисао,
Лепезаст сан у углу собе
Где су књиге на дохват руке,
Бића порозна од сопствене самоће,
Уздрхтала на прозирној светлости јутра,
Њушка тајанствене обичне мачке
Која ми се (већ непостојећа!) прикрада,
Раскош прошлих лета и један јаук
Када сазнадох да сам за кратко овде
У свету непролазне љубави.
Све оно до чега ми је стало,
А што се не може набројати
Да бројим до кратке вечности живота,
Све саме ситне стварке, ништавне, крхке,
Ко узалудна нада да сам *један*.

АУТОПОРТРЕ С МИНХАУЗЕНОМ

(За Васу Павковића)

Хоп, хоп, хоп-ла!
Испошћен, го до костију, (мртав?),
Лежао је на Б-ском гробљу,
На прописној дубини у тавном гробу,
Још неуразумљени барон Минхаузен,
Лежао је и подврискивао себи у браду:
Хоп, хоп, хоп-ла!

Не, није то весело подврискивање
А ни посебно безнадежно и тужно,
Упућивало је можда на неки давни подвиг,
Или на сневање обећаног чуда.
Право речено, смишљен сценарио
За неку изванредну будућу прошлост
Понављао се изнова, и опет изнова,
Дуго и заувек; да ли узалудно?
Ах, чудо!
Срећа је очекивати га, гробљанска срећа,
Поготову почне ли ненадно да се одвија
Не држећи много до своје уверљивости:
Поплава слична потопу, нови почетак,
Бујица руши и рије и све пред собом носи,
Дрвље и камење, куће и гробове,
У сусрет неизвесном океанском животу.
Ах, муке сличне порађању! Муке ваљања
У густој крви низ грло узмуљано,
У навали читаве цивилизацијске скаламерије;
Замрло биће подврискује немо, немо чита,
Чека пецаљку из синопсиса
Да га извуче у свет вољних покрета,

Ма и далеко од насељеног Арарата,
И препусти га акцији и импровизацији
Сврсисходнога Минхаузена.
То надограђује чудо у сказ
Поновљен у милионским тиражима
У славу вампира старог миленијумима.

Хоп, хоп, хоп-ла!
Галопирао је на преполовљеном коњу
Чудесни барон рационалиста
И никако да утоли жеђ за временом!
Па и сада, овде, пред вама,
Проноси недостижан замах изгубљене наде
Потежући се за перчин прашњав, давно мртав:
Хоп, хоп, хоп-ла!
Хоп, хоп, хоп-ла!

ЦРЊАНСКИ
У ЗЕМУНСКОЈ ГИМНАЗИЈИ

Једну од првих књижевних вечери
По повратку из емиграције
Црњански је имао у Земунској гимназији.
У свечаној сали препуној ђака
Крај њега је смерно седела госпођа Вида,
Одсутно је у крилу држала своју велику ташну,
А сузе радоснице навираху јој из очију
Пред толико младих глава окренутих њима.
Црњански је овлаш гуркао лактом да се смири
И тешко-мукло изговарао речи
Мучен новом зубном протезом.
Најпре је потписивао примерке својих књига
Које су му приносили ученици;
Оне прве питао је за име, ради посвете,
Али убрзо примети по печатима превару,
(Књиге су биле из школске библиотеке),
Па је (да ли љут?), исписивао безлично –
                                    Библиошеци...
Неко од професора рече своје професорске речи,
Па су ђаци читали и рецитовали, а Црњански
                                    слушали
Извесне давне речи са свежих усана
Спремни да узлете, заљубљени.
На крају, по тадањем обичају, одговарао је
На припремљена питања, махом конвенционална,
Кад неко упаде с питањем, „шта му је најлепше,
А шта најтеже, после толиког избивања из земље.“
Јави се нелагода код кадрова и пратилаца,
Згледаше се, зашушта шапат, водитељ се осврта.
Међутим, Црњански је већ пливао у одговору

Колико конвенционалном толико и трпком.
Изрече извесну похвалу Београду (незапамћену),
Помену узгред и видљиве трагове рата.
А што се „најтежег" тиче, лупи шаком о сто
И показа зубе. „Три-четири месеца чекао сам
Да ми *ово* направе, да се вратим у Србију (баш
                                    тако рече!)
Са зубима, злу не требало. Но сада ево могу
Да пратим шпањолску музику." Па као прави маг
Зашкљоца зубима,
А сала се проломи
Од смеха и аплауза.

ПОРТРЕ КАО МРТВА ПРИРОДА

*(Бора Станковић у
предсмртним данима)*

Овај је човек мртав, мртав, мртав,
Као сама прошлост, или прерођење,
Загледан празним очима
У неко друго време
Ухваћено на страницама књига, прохујало.
Како схватити истрошен поглед,
Како описати дубину понора
Која нас спаја и раздваја,
Како избећи пад после свега
Што знали смо, што више не знамо,
Трагични наставак пропадања
И трајања ових очију иза суза?

Сунчан мартовски прохладан дан
Сагорео је рано процвале латице
Старе кајсије. Глатка кора,
Црвенкастомрка, не говори више
Од његових ненасликаних шака;
Порушено лице, старачки изровашено,
Прелази као поноћ за трен
И залази у другачију таму
Коју наслућујемо.
Боже, јакоже твоји у патњи јесмо,
У милости твојој смиреније наше
На веки да будет!

(26. март 98, Врање)

ИДЕЈА О ДВОЈНИКУ

Пре неки дан посетих
Докторку Станишић по препоруци
Блискога пријатеља. Када сам
Следећи пут дошао
Она ми рече: „Срба Митровић?
Помислила сам у први мах
Да сте мој давни познаник истог имена
Који ме је заборавио.“
Јутрос опет сретох жену
Којој се умало не јавих,
Збуњеност ме помела,
Била је одсечена глава породичне куме,
Додуше изгледом знатно старија.
Но шта ме заправо збунило?
То што се живот у други претапа?
Ил само то што што лик на лик сличи?
Помислих да негде живи неко
Истоветан мени у длаку (млађи или старији можда,
Или ни то), а ја му и не падам на памет,
Својом се јединственошћу дичи!

Стоји пред огледалом,
Како већ многи стоје,
Озбиљно посматра себе
И као да се диви, али
Ти знаш да је тај други
Ипак различит,
Одсликана смрт,
Празан лик
У сећању других.

На крају сетих се
Погледа непознате старије жене
Крај које сам прошао давно
Близу џамије у Лешјаниновој у Нишу
И чинило ми се тада (сада још више!)
Да ме то покојни отац њеним очима гледа,
Као да нешто жели да ми каже.

КАСНО ОТКРИЋЕ

Сталну недоумицу глувих
Узречица из Врања објашњава:
„Кој не чује, две знаје.“

На светосавској приредби
У првом основне
Играо сам у скечу „Два глуваћа“.
Беше то пророштво, не само игра:

Сад, разговарам ли с шураком,
Лустери одзвањају,
А сећање се пуни:
Пророштво ми седа за врат,
А у грохот ме баца
Наша удвојена тема.

ЦУКИЋ

Несретни Цукић!
Целог свог кратког живота био је срећан.
У имућној породици Цукића јединац,
(Дика потомака чувеног др Косте).
Путовао је светом од детињства,
Говорио три светска језика,
Живео две године у Њујорку,
Имао свој стан у Паризу и Цириху,
Завршио Правни у Београду
И започео да ради у угледној очевој адвокатској
канцеларији,
Летовао и зимовао где је хтео,
Пливао, скијао се, играо тенис,
Возио спортска кола,
Пробао дрогу (али се није залепио),
Носио само одећу с марком,
Ципеле талијанске, шкотске џемпере,
Сатове ручне израде, увек нове, рођенданске,
Дезодорисао се омамљујуће, највише својим
непресушним здрављем
И поштеним дечачким осмехом,
Имао три велике љубави, стотине пролазних,
Упознао Ескиме на лицу места,
Писао запетљан роман
Изван сваке традиције,
(Нека врста фиктивне аутобиографије),
Који се рачвао у седам завршних алтернативних
прича,
Чак је и премију на лутрији добио
И потрошио је за једну ноћ с друштвом.

Прекјуче новине беху пуне читуља (и још су)
С његовим именом и сликом.
Погинуо је на планинарењу у Алпима.
Помињу га с љубављу, жале са сетом.
Био је то обилан живот,
Само је у амбису могао да нестане.

ВЕЛИКИ ДУКА

(За Душицу Потић)

На лицу краљице
Осмех је неотворена кутија.

1.

Када се карте добро измешају
  И распрострру (према правилима),
Усамљеник се нађе пред рукописом
  Исписаним чврсто као судбина, мада
Проход је замандаљен, неизвестан.
  Полазиште је свет пред тобом,
Пут бираш сам. Прочитај
  Обећања, открриј варке, али још
Не повлачи ништа! Уживај у дарованом,
  У оку што ти се одсликава:
Широко поље цветних алеја
  Као речи у песму сложене. Свака карта
Одзив је и тражи да се удене
  У нови лик. Преливања ишту
Нови ред, а твоја рука, уздржан владар,
  Нек слуша глас самог бога.
                              Час је разматрања:
Покренеш ли распоред да прими
  Жељни наум, стекнеш ли предност
Слободног реда, надаш се решењу.
  Читаш исказано и тражиш пут промена
У првој, најважнијој деоници,
  Знаш да сваки потез сужава даљи избор.
Ствари бивају прегледне, до краја нејасне,
  Неки су потези нужни, а други
Имају алтернативе у магли
  Претпоставки, процена, нагађања,
У срећном случају и добар искорак.
  Стрепња и задовољство опседају маштање,

Повољне карте које су чини се далеко
  Одједном испливе, а оне згомилане
Као кост у грлу могу се распршити.
  Однекуд мораш почети и ту је проблем
Судбине исцртане која се намах објављује.
  Ако је тако, твоја је воља слободна,
Јер бачен у свет ти ниси почео игру,
  Иако баш с тобом игра се наставља,
Скривање и откривање, маневри
  Губитника, ил нада притајена, очајничка.
Уводити ствари у ред не значи више
  Испуњење судбине, већ је само и чисто
Осећање радости живота.

2.

Пет хоризонталних редова по десет карата,
Па затим шести скраћен, све карте отворене –
То је твоја адаптација. Бројиш краљеве,
Основу реда, кечеве сматраш саплитањем
Ако немаш довољно двојки. Мичеш
И спајаш истобојно одозго наниже,
Не би ли се ког места домогао.
Игра се наставља у таласима,
С картама из непотрошеног шпила.
Изгледаш задовољан, срчеш кафу,
Не одговараш на звоњење телефона.
Редови се чисте од различитих боја
Вештом манипулацијом. А када избациш
Једну бар сређену боју, надаш се најбољем,
Игра постаје валцер и наслућује се
Решење које по себи не значи много,
Нити је вредније од твог разумевања.

3.

Добио си или изгубио. Сакупљаш одсутно карте
  И поново их мешаш. Да ли за нови покушај,

Ил тако лакше догледаш пређени пут?
　Стављаш их у кутију и нагло одлучујеш
Да купиш нови шпил. Овде је
　Већ неколико оштећених
Које је тешко мешати. Уста су ти горка,
　А већ је време да кренеш
У нову, не мање опасну игру.

ВЕТРИЛА

Укупно време, све оно што јесте,
(Што је било,
Што ће доћи),
На овој пространој висоравни стоји
Одувек. И заувек ће бити:
Изложено игри ветрова,
Променама што их вечно кроји,
Скривено у слепоћи забити.
(О чиновима узалудним и многим, о вољи
Која се диже и ломи
Непрекидно, допиру одзиви
Оних што себе држе бољим.)

Недавно сам ту,
Под брестом прастарим у хладовини
На окрајку њиве с ижђикалим реповима кукуруза,
С женом ужинао.
Лето је пуцкетало и стругало
Својим алаткама
Трудећи се залуд да напусти ово место,
Да га остави вечности,
Птице су шуштећи прелетале
С даљих стабала да се у крошњи бреста скрију,
А ми смо и не прекрстивши се
Гледали како руке нам голе
Разголићују се до костију, па како се,
Обле и гладне,
Облаче опет ружичастом пролазношћу,
А лица наша, искежене маске времена,
Једно се у другом огледају
Као грех у опроштају, опроштај у смрти.

Овде је, док све остаје исто,
Стална мена ветрова,
Овде је ранжирна станица Еолова,
Збрка многих језика,
Писак изгубљених порука
И дубока тишина изгубљене самоће:
Све је док живи већ мртво
Застало у вечном проминуђу.
Када сам једном, као дечак,
Враћајући се пешице дома из Сврљига,
Прошао Лалинац,
Па циганску ковачницу на потоку
На улазу у Сливје, те убрзо
Скренувши према Копајкошари
Изашао на Ветрила,
Чекао ме ту Буби, мој пас,
Жућа размаханог репа,
Страх и трепет за кокоши
У пространом дворишту сеоске школе.
Помиловао сам га изненађен
Што се нашао ту,
А он је цвилео и кевтао уплашен
Ко зна чиме, па радостан
Што је спас нањушио
Покушавао је свијеним репом да маше.
Очи нам беху помућене и болне
Пуне ветрова и прашине
Док мука и спас једно друго лове
На чистинама Ветрила.

Некад је кажу дворац туна био
Некаквог великаша у древном неком царству,
Али га време склонило под Брекињу
У Цареву пећину под селом,
Многе војске потом сиђоше тамо
И многи челник насмешен поверова,
Немајући куд,
У смисао жртве.

Заборав окрзне речи, а оно изгубљено
Процвета нагло уз жбуње крај пута,
Божја се ливада оспе истинама
Умилним, страшним, као бајка.

Шта можеш рећи у захвалу
Неомеђеном простору
Који слободу нестварну узима
Да ветровима да на вољу
И непрепознатим људима
Који овуда мину?
Осврћеш се и гледаш
Давне сроднике
И светло зеленило
Дугих кукурузних листова.

За кума мог
Кажу: однело га.

TERRA INCOGNITA

(За Горана Станковића)

Видљива узвисина у даљини
Час је зелена као лоза на Винику
Под којом леже пужеви и змијске кости,
Час прашњава као Медијана
Одакле извиру запретани облици.
Избрушена је чини се као сићевски врхови
Издвојени у савршеном плаветнилу,
А потом изгубљена као град наспрам Тврђаве
На Тргу и у замрлој улици Победе,
Некад је сам портал Тврђаве, разривен и болан
Као ускисло месо пролазника.

Па ипак, и тако рашчињен, овај се успон држи;
Над њим се облачно небо надвило
Као могућа киша, но прве капи
Тек ће у новоме веку примити.
Век неизбежан, ил само обећан?

Забраздио си брате мој – кажем себи –
Ко може знати печате будућег?!
Међутим, довољно је дићи поглед
И препознати надолазећу светлост
Пред којом се показују пролазне слике
У вечној, у тамној празнини света.

УСНИХ САН

У зипци материној,
У шпиљи од малахита,
Вода се таложи и шкрипи
Тарућ се о мене и зидове –
На кожи најеженој
Моја је мисао слика
Наде и промене,
Исход дозревања.
Будан сам као само буђење,
Отворен према води
Која ме опкољава и држи
Као око загледано.
Нисам од ње друго, а ипак
Сазвучан у тамној тишини,
Симфонија рашћења
Од шумора крви,
Од ритмова љуљања и снова.
Науман сам да остварим
Живот са другима,
Да простор живодајни напустим
И будем оно неизвесно
О чему пева судбина
Дубоко у потки крви,
У материној крви,
У очевом семену.

НОЋНА ПЕСМА

Навестио се мир
Свих свеколиких дана:
Трепери ватра подно појате
На ливади у планини,
Чује се воњ и мукли ромор стоке,
А зреник никако да се расветли
Док бледи се одблесци расипају
Спуштеним небом као звездице;
И, ено, близу тог пламињања
Спавају двојица с лицем у тами
И рекао бих – осмехују се,
Ил само овлаш израстају
Из своје вајкадашње згрчености.
На жбуну глоговом
Прострта девојачка марама
Непрепозната је утвара
У сан што ће ти доћи
Да после свега каже:
„Родисте се, браћо моја,
И само то је ваше.“

ПОСЛЕДЊЕ СРЕДСТВО

(За Јовицу Аћина)

Да, рећи ћеш: ћутање.
Јер: речи су само трајно сведочанство
Општега неспоразума
Сврстане у блиске и даље конотације,
Па и у оне супротне.
И зато радикална одбрана
Временом искупљује грехе
Док ти се име не изгуби
У хладном простору
Неодређене заменице,
Па даље у загонеци топонима,
И остане тврда усна, језик свезан
За добар укус.
Или је то кретање обрнуто?
Ка рођењу, ка још једном рођењу,
Отвореном свеистим заблудама
Немуштог плача?
У бележници је дневник тих заноса
Исписаних неуморном руком
За оне који воле да цитирају
Постулате о привидима.
Иако си већ дуго мртав, још јечиш
Од давно изречених речи,
Од шала чија си жртва био,
Од оптужби које се вију
Тамо где беше ти дом.
Једна једина реч,
Атомска печурка,
Изменила је предео напуштене наде
Којим си некад пролазио.

134

Једнако још (и у векове)
Мешају се, помињу,
Многи непознати,
Тако да не препознајеш више
Ни своју најближу родбину.
А указује се само још бистра река
Одласка.
Проточни корен.

ПРИ ПРЕСЛУШАВАЊУ ЈУТАРЊИХ ОДЗВОНА

(За Звонка Каташиħа)

Добар је дан отворен свима,
А ту се роји чудан свет:
Пчела и трут, риба и свиња,
Снег поврх свега, понекад цвет.

Добар је дан слободна рима
Што хитро леже у Интернет,
Придружиш ли се, чуда има,
Еротски, ентропски непокрет.

Па шта ако си невесео!
И Бог понекад суморан би.
Важно је само да си цео,

Да ти засветли екрански штит
И да је бити ил не бит
Питање оног шта си хтео.

У СВЕТУ

Дажд је што и трава
Док под њима сниш,
А ромони страва:
Ниш си… ниш си… ниш.

Прени се сневачу
Натуштених дана,
Преда те искачу
Чуда насмејана.

Чуј, радост је вечна,
Ти у њој младунче
А звезда ти срећна
Широм шири кљунче.

Па кад се пробудиш
И више те ни,
Немој да се чудиш,
Ипак, ти си – ти!

БЕЛЕШКА О АУТОРУ

Срба Митровић је рођен 23. децембра 1931. године у Лалинцу, код Сврљига, у породици сеоских учитеља. Школовао се у Нишу и Београду. Дипломирао је на Филолошком факултету у Београду. Радио је различите послове, а најдуже, преко двадесет година, био је библиотекар Земунске гимназије. Сада је у пензији. Ожењен је и има два одрасла сина.

Поезију објављује од 1970. Досад је објавио девет књига песама и приредио, а највећим делом и превео, две антологије модерне енглеске и америчке поезије. Објавио је више књига изабраних стихова енглеских и америчких песника (Одена, Ларкина, Ловела, Хинија и других). С Хирошијем Јамасакијем преводио је новију јапанску хаику поезију (Антологија *Четири годишња доба*), као и изабране хаику песме Мацуа Башоа (*Стари рибњак*). 1989. године примио је Повељу за књижевно дело „Гордана Тодоровић“. Добио је више књижевних награда: „Милан Ракић“, за књигу *Шума која лебди* (1991), „Милош Ђурић“, за превод *Антологије енглеске поезије 1945–1990* (1992), „Исидора Секулић“ и „Бранко Миљковић“, за књигу *Снимци за панораму (из понора)* (1996). У штампи су му *Изабране песме* које је за београдску Просвету приредио Васа Павковић.

Фотографија
З. КАТУШИЋ

САДРЖАЈ

Први део
СЕГМЕНТИ ПАДА

ВЕЧНОСТ

ТРАЈАЊЕ

МРТВИ УГАО

НИШКА СЕКВЕНЦА

Други део
КЛЕПСИДРА

ИСКИДАНИ ТРЕНУЦИ

СЕЋАЊА, ПОСВЕТЕ

Срба Митровић
УЗМИЦАЊЕ

*

Главни уредник
ЈОВИЦА АЋИН

*

Рецензент
ВАСА ПАВКОВИЋ

*

Графички уредник
ДУШАН ВУЈИЋ

*

Коректор
НАДА ГАЈИЋ

*

Издавач
ИП РАД, д. д.
Београд, Дечанска 12

*

За издавача
СИМОН СИМОНОВИЋ

*

Припрема текста
Графички студио РАД

*

Штампа
СПРИНТ, Београд

CIP – Каталогизација у публикацији
Народна библиотека Србије, Београд

886.1-1

МИТРОВИЋ, Срба
    Узмицање / Срба Митровић. – Београд : Рад,
1999 (Београд : СПРИНТ). – 145 стр. ; 20 cm. –
(Знакови поред пута)

Белешка о аутору: стр. 139.
ISBN 86-09-00599-2
ИД=72488972